C

MW01047291

DIE HERZENSGUTE NACHBARIN

Illustrationen von: Niels Roland

Greta Gallandy:
Die herzensgute Nachbarin
Teen Readers, Stufe 4

Herausgeberinnen:
Ulla Malmmose
und Charlotte Bistrup

ISBN Dänemark 978-87-23-90572-7
www.easyreader.dk

Easy Readers EGMONT

Gedruckt in Dänemark von
Sangill Grafisk Produktion, Holme Olstrup

Biografie

Ich bin in Hamburg aufgewachsen und habe als junges Mädchen sehr viel Zeit als „Bücherwurm" oder „Leseratte" verbracht, mich aber auch sehr für Tiere und Pflanzen und das Landleben interessiert. Ich habe mich immer darüber gewundert, dass nicht alle Menschen so neugierig sind wie ich. Heute wundere ich mich darüber, wie andere Menschen leben, was sie wichtig finden und warum einige lieber fernsehen als sich selber zu beschäftigen oder mit ihren Nachbarn zu reden. Ich habe verschiedene Ausbildungen gemacht und in einigen Berufen gearbeitet. Heute lebe ich in Dänemark südlich von Kopenhagen und unterrichte Kinder und Jugendliche an einer kleinen Schule am Meer.

1

Es klingelte schon wieder an der Haustür. Miriam wickelte sich aus ihrer Bettdecke, stand auf und ging zum Fenster. Hier vom ersten Stockwerk hatte sie den perfekten Überblick über den schmalen Weg vom Gartentor bis zur Treppe, die hinauf zum Eingang führte. Da stand, genau wie sie schon *vermutet* hatte, Frau Neumann, die alte Nachbarin. Miriam konnte direkt auf ihre braun gefärbten Locken gucken.

„Nein, nicht schon wieder", murmelte Miriam und seufzte.

Wenn sie sich jetzt einfach die Ohren zuhielte und fünf Minuten wartete, dann würde Frau Neumann vielleicht wieder verschwinden. Oder? Nein, das war ziemlich unwahrscheinlich. Frau Neumann war *zäh.* Sie würde einfach so lange weiter klingeln, bis Miriam die Tür öffnete oder vielleicht sogar bei Miriams Mutter in der *Tierarztpraxis* anrufen. Das könnte dann so lauten:

„Oh, Frau Weiß, entschuldigen Sie bitte, dass ich Sie störe. Aber Ihre Tochter macht die Tür nicht auf. Könnte ihr etwas passiert sein?"

Miriam musste bei dem Gedanken lachen. Und ihre Mutter würde antworten:

„Aber Frau Neumann, ich bitte Sie. Miriam ist

vermuten, glauben
zäh, stark
die Tierarztpraxis, Behandlungsklinik für kranke Tiere

sechzehn. Sie hat gerade *Grippe* gehabt. Sie ist noch nicht ganz gesund. Lassen sie das Mädchen schlafen. Ihr ist sicher nichts passiert. Ich habe jetzt wirklich keine Zeit zum Telefonieren, meine Patienten warten. Wir reden ein anderes Mal, ja? Auf Wiederhören, Frau Neumann."

Aber die Stimme ihrer Mutter war immer so hell und mädchenhaft, egal was sie sagte. Es war selten, dass Leute *beleidigt* waren, wenn ihre Mutter sie ausschimpfte.

Jetzt klingelte es schon wieder. Miriam zog ihren langen Pullover über ihren Pyjama und ging barfuß die Treppe hinunter. *Koriander*, der braune Kater, sprang vom Bett, auf dem er den ganzen Vormittag zusammengerollt gelegen hatte. Er *schlängelte* sich aus der Tür, sobald Miriam sie nur eine Handbreit geöffnet hatte, vorbei an Frau Neumann und hinaus in den kalten Frühlingstag.

„Hast du geschlafen? Habe ich dich etwa geweckt?", fragte Frau Neumann *scheinheilig*.

Es war ihr garantiert egal. Dann marschierte sie, ohne auf Miriams Antwort zu warten, ins Haus, danach hinein in die Küche, wo sie sich sofort auf

---

die Grippe, verbreitete Infektionskrankheit im Winter
beleidigt sein, gekränkt sein über Worte oder Handlungen
der Koriander, eigentlich Gewürz, hier Name des Katers
sich schlängeln, sich bewegen wie eine Schlange
scheinheilig, nicht ganz ehrlich

einen Stuhl setzte. Sie hatte einen Teller mitgebracht, der mit Alufolie bedeckt war.

„Ich habe gerade Pfannkuchen gebacken, und da dachte ich doch gleich an dich", *verkündete* sie. Sie entfernte die Folie vom Teller und zeigte auf vier riesige aufgerollte Pfannkuchen, die noch dampften. 5

„Mit Kompott von meinen eigenen Kirschen aus dem Garten."

Miriam lächelte höflich und nickte etwas verlegen.

„Danke, sehr nett von Ihnen." 10

„Wie geht es dir denn heute? Wann gehst du wieder zur Schule? Hast du nicht schon ziemlich viel *versäumt*? Zwei Wochen sind eine lange Zeit. Es wird auch eine Weile dauern, bis du wieder völlig gesund bist. Der *Kreislauf* kommt ganz durcheinan- 15
der, wenn man zu viel liegt. Als ich letztes Jahr im Krankenhaus war, konnte ich kaum gerade gehen, so *schwindelig* war mir."

Miriam wartete, bis Frau Neumann eine Pause machte. Dann *räusperte* sie sich und sagte: 20

„Jetzt am Montag gehe ich wieder zur Schule. Heute Nachmittag kommen Freunde von mir und besuchen mich. Wir müssen zusammen einen Vortrag vor der Klasse halten. In Geografie."

„Geografie? Das ist ja interessant. Ich bin früher 25

---

verkünden, mit starkem Ausdruck sagen
versäumen, nicht dabei sein
der Kreislauf, Blutumlauf im Körper
schwindelig, aus dem Gleichgewicht sein
sich räuspern, ein bisschen husten

7

auch gerne verreist. Am liebsten mit dem Schiff. Es ist sehr gut für junge Menschen, andere Länder zu sehen. Es ist nützlich für die *Allgemeinbildung.*"

5 „Na ja, es handelt von Entdeckungsreisen und Kolonialismus. Eigentlich ist es eine Mischung aus Geschichte und Geografie."

„Aha."

Frau Neumann machte wieder eine Pause und dachte nach. Dann sagte sie mit entschlossener Stimme:

der Zeitungsausschnitt

10 „Egal. Auf jeden Fall solltest du jetzt aufstehen und einen kleinen Spaziergang machen. Frische Luft ist gesund, auch im März."

„Ja, vielleicht später. Vielen Dank für die Pfannkuchen, Frau Neumann. Jetzt muss ich wieder ins Bett. Ich friere ein bisschen."

15 „Du frierst? Und dann läufst du barfuß im Haus herum? Dann wirst du ja auch nicht gesund. Sag mal, weißt du eigentlich, ob deine Mutter die *Zeitungsausschnitte* gelesen hat, die ich ihr vor ein paar Tagen geliehen habe? Ich hätte sie gerne bald zurück."

die *Allgemeinbildung,* allgemeines Wissen

„Keine Ahnung. Wir haben nicht darüber gesprochen."

„Na, sie hat ja auch nicht so viel Zeit. Ach ja, könntest du sie heute Abend fragen, ob sie kurz bei mir vorbeikommen könnte? Beauty hat seit gestern 5 nichts gefressen. Ein Hund, der nichts frisst, muss krank sein."

„Ich werde *Bescheid sagen*, oder vielleicht schreibe ich ihr einen Zettel. Meine Mutter kommt nämlich erst spät nach Hause, weil sie einen Vortrag im 10 *Tierschutzverein* hält."

„Tierschutzverein? Ach so. Gut, schreib ihr einen Zettel, vielleicht kann sie ja morgen Vormittag kommen. Oder hat sie schon wieder *Wochenenddienst*?" 15

„Nein, dieses Wochenende hat sie frei."

der Plastikumschlag

der Stapel Papiere

Frau Neumann stand auf und wollte gerade gehen, als sie einen *Stapel Papiere* auf dem Küchentisch entdeckte. Es waren Reklamebroschüren, ein paar 20 Zeitschriften und obendrauf ein paar *vergilbte* Zeitungsausschnitte in einem *Plastikumschlag*.

Bescheid sagen, etwas mitteilen
der Tierschutzverein, Verein für Tierschützer
der Wochenenddienst, Arbeit am Wochenende
vergilbt, Farbe von etwas gelb gewordenem Papier

„Da liegen sie ja. Denk dran, deiner Mutter zu sagen, dass ich sie gerne bald wieder hätte."

„Ja klar, Frau Neumann. Tschüs."

Endlich ging sie. Gerade als Miriam die Tür hinter
5 ihr schließen wollte, bemerkte sie Koriander, der wieder zurück ins wame Haus wollte.

„Katzen mögen keine Türen", rief Frau Neumann vom Gartenweg. „Ihr solltet eine *Katzenklappe* einbauen lassen."

10 „Ja ja, genau. Aber wir können es auch lassen", murmelte Miriam, winkte und schloss die Tür.

die Katzenklappe

Als sie am Spiegel vorbeikam, schnitt sie sich selbst eine Grimasse. Sie sah immer noch blass aus und ihr langes Haar war unfrisiert. Vielleicht sollte sie
15 jetzt doch unter die Dusche gehen und sich warm genug anziehen, bevor Marc und Angela kamen.

2

„Habt ihr Lust auf Pfannkuchen? Ich kann sie schnell aufwärmen", rief Miriam aus der Küche, während Marc und Angela ihre Winterjacken in der Garderobe aufhängten.

„Pfannkuchen sind immer gut", rief Marc zurück. 5
„Für mich nur einen halben", antwortete Angela.
„Okay, ich habe auch eine Kanne Tee gemacht. Wir können ja in der Küche sitzen. Hier ist es am gemütlichsten."

Angela und Marc kamen in die Küche und stellten 10 ihre Schultaschen in die Ecke.

„Ich dachte ja, dass du noch schwer krank bist. Und dann hast du schon Pfannkuchen gebacken?", neckte Marc Miriam.

„Ne", lachte Miriam, „die sind von unserer Nach- 15 barin. Sie war heute Vormittag hier. Es würde mich eigentlich nicht wundern, wenn sie gleich nochmal *auftauchte*, um euch zu sehen. Sie ist so neugierig. Und glaubt, dass sie mein Babysitter sein muss."

„Ist das nicht ein bisschen *lästig*?", fragte Angela. 20
„Ja, ziemlich. Auf der anderen Seite ist es auch okay, wenn jemand aufs Haus aufpasst. Sie hat immer den Schlüssel, wenn wir verreist sind. Und dann gießt sie die Blumen und füttert natürlich auch Koriander." 25

auftauchen, plötzlich kommen
lästig, unangenehm

Der Kater lag auf der Küchenbank auf seinem Lieb-
lingskissen und ließ sich nicht stören, als Angela
sich neben ihn setzte und ihn hinter den Ohren
kraulte.

5 „Füttert sie ihn auch mit Pfannkuchen?", fragte
Marc unschuldig.
„Nein, aber mit Schlagsahne", lachte Miriam.
Dann sagte sie ernsthaft:
„Stimmt wirklich. Er nimmt immer zu, wenn wir
10 verreist sind. Ihr solltet aber erst ihren Hund Beauty
sehen. Sie wiegt das Doppelte von dem, was sie
wiegen dürfte. Und jetzt hat Frau Neumann Angst,
dass sie krank ist, bloß weil sie einen Tag lang nichts
gefressen hat."
15 „*Liebe geht* eben *durch den Magen*", sagte Marc
und sah mit gespielt gierigem Blick zu, wie Miriam
den Teller mit den Pfannkuchen aus der Mikrowelle
nahm und auf den Tisch stellte.

Miriam hatte keinen Appetit, sie trank nur eine Tas-
20 se Tee.

„Sag mal, kommst du am Montag wieder zur
Schule?", fragte Angela. „Wir haben gerade noch
zehn Tage für unsere Aufgabe."
„Ja, ganz sicher. Tut mir echt leid, dass ich so
25 *schlapp* war. Wie weit seid ihr denn schon gekommen?"

Liebe geht durch den Magen, Sprichwort: positive Gefühle durch
gutes Essen
schlapp, schwach

„Wir haben einen Stapel Bücher in der Bibliothek ausgeliehen, ein paar Artikel aus dem Internet ausgedruckt und natürlich stundenlang gelesen", sagte Angela.

„Ja, den Rest überlassen wir dir, du schreibst so schön", lachte Marc. 5

„Klar schreibe ich schön, aber ihr müsst den Vortrag halten. Ich bin noch ganz *heiser*."

„So, jetzt mal ganz sachlich", sagte Angela, „Wir können zunächst ja mal meine Notizen durchsehen. 10 Und dann sollten wir die verschiedenen Themen unter uns aufteilen."

Die Mädchen blätterten in Angelas Notizheft und versuchten, sich einen Überblick zu verschaffen.

Aber Marc hörte gar nicht mehr zu. Stattdessen las 15 er in Frau Neumanns Zeitungsausschnitten, die er aus der Plastikhülle gezogen hatte.

„Was hast du denn da gefunden, Marc? Ist das nicht euer Haus, Miriam?", fragte Angela überrascht und sah Miriam erstaunt an. 20

„Wie lange wohnt ihr eigentlich hier?", fragte Marc.

„Fast zwei Jahre. Seit damals, als meine Eltern *sich getrennt haben*", sagte Miriam *verlegen*. „Warum fragst du?" 25

„Diese Ausschnitte handeln offenbar von Leuten,

heiser, raue Stimme
sich trennen, hier: sich als Paar offiziell scheiden lassen
verlegen, unsicher

13

die in diesem Haus gewohnt haben. Vor zehn Jahren ist hier irgendetwas passiert", erklärte Marc.

„Was ist denn das für eine seltsame Geschichte!", rief Angela.

„Was soll daran seltsam sein? Diese alten Zeitungsausschnitte sind nicht für mich. Frau Neumann hat sie vorbeigebracht. Meine Mutter sollte sie lesen, aber dazu hat sie wohl keine Lust gehabt. Sie mag keinen *Klatsch*. Und schon gar nicht diese *Schundblätter*."

„Können wir mal die fettigen Teller wegräumen?", fragte Marc und wischte mit dem Handrücken über die Tischplatte.

Nachdem der Tisch sauber war, sortierte Marc alle ausgeschnittenen Artikel nach ihrem Datum und legte sie nebeneinander.

„Das da ist Frau Neumann an ihrem Gartentor", erklärte Miriam.

„Wie alt ist sie eigentlich?", fragte Angela.

„Ungefähr achtzig, glaube ich." Miriam war sich aber nicht ganz sicher.

„Sie hat sich nicht besonders verändert, abgesehen von der Haarfarbe. Damals war sie weiß, jetzt färbt sie ihre Haare kastanienbraun."

„Oder sie trägt eine *Perücke*", sagte Marc. „So, hier ist der erste Zeitungsausschnitt. ‚Wo ist meine Frau? Verzweifelter Ehemann will die Hoffnung

---

der Klatsch, Reden über das Privatleben anderer
das Schundblatt, indiskrete Zeitung
die Perücke, künstliches Haar

nicht aufgeben. Die junge Alice S., 23 Jahre alt, wollte am 7. September ihre Freundin besuchen und verließ am Vormittag das Haus. Sie ging zu Fuß zum Bahnhof in R. und kaufte eine Fahrkarte. Ihre
5 Freundin wollte sie in A. vom Bahnhof abholen, wartete jedoch *vergeblich*. Wer hat Alice S. das letzte Mal gesehen, bevor sie verschwand?' So, das war die erste Information."

„Und die zweite?", fragte Miriam.

10 „Ja, siehst du, hier *kommt* deine liebe Nachbarin *zum Zuge*. Sie wusste wohl immer alles. ‚Nachbarin *sagt aus*', steht da. Sie sagt hier, dass der Ehemann gar nicht so nett war, wie er immer getan hat. Außerdem war er Jäger. Er hatte nichts anderes als seine
15 *Gewehre* im Kopf."

das Gewehr

„War er Jäger? Die mag Frau Neumann gar nicht. Sie sagt immer, dass Jäger Mörder sind." Miriam schüttelte mit dem Kopf und lachte.

„Und wie geht es weiter?", fragte Angela. „Wo ist
20 die Sensation?"

„Hier steht es: ‚Ehemann unter *Verdacht*. Alice S. immer noch nicht gefunden.'" Marc runzelte die Stirn.

vergeblich, ohne Erfolg
zum Zuge kommen, man wird aktiv
aussagen, eine offizielle Erklärung bei der Polizei abgeben
unter Verdacht stehen, als vielleicht schuldig betrachtet werden

16

„Ich habe hier die letzte Seite", sagte Miriam: ‚Schuldig. Indizien und *Zeugenaussagen* bringen Ehemann Gerhard S. *hinter Gitter.*' Sein Gewehr und Patronen wurden im Wald gefunden, da waren Blutspuren im Auto, aber keine Alice. Und das war 5 der Höhepunkt in Frau Neumanns Leben. Ein Mordfall ohne *Leiche* im Nachbarhaus."

„Was soll das heißen?", fragte Angela.

„Sie haben ihn *verurteilt*, aber die Leiche seiner Frau wurde nie gefunden", erklärte Marc. 10

„Kann man so etwas machen? Ist das nicht ungerecht?" fragte Angela *aufgebracht*.

„Keine Ahnung. Frau Neumann hat ihn hinter Gitter gebracht, weil er auf Hasen schießt." Marc zog die Augenbrauen hoch. 15

„Glaubst du wirklich, dass sie das gewollt hat?" fragte er nach einer kleinen Pause.

„Sie muss sich ihrer Sache sicher gewesen sein. Glaube ich jedenfalls", sagte Miriam nachdenklich.

Angela sah auf die Küchenuhr. 20

„Sagt mal, ihr beiden Meisterdetektive, wisst ihr eigentlich, wie spät es ist? Wir werden nie fertig, wenn wir uns nicht bald auf unsere Aufgabe konzentrieren."

„Richtig, weg mit dem Zeug." Miriam steckte die 25

---

die Zeugenaussage, die Erklärung einer Person, die etwas gesehen hat
hinter Gitter, ins Gefängnis
die Leiche, ein toter Mensch
verurteilen, für schuldig erklären und Strafe festsetzen
aufgebracht, aufgeregt

Zeitungsausschnitte wieder in die Plastikhülle.

Dann gingen alle drei ins Wohnzimmer, wo Miriams *Rechner* auf einem großen Arbeitstisch stand. Es war Angelas Idee, dass sie ihre Ent-
5 deckungsreisen auf dem Globus im Internet demonstrieren sollten. Und jeder in der Klasse sollte an seinem Rechner sitzen und alle Meere und alle Inseln mitsuchen.

3

Um sieben Uhr am Abend war Miriam dann wieder
10 alleine und ziemlich *erschöpft*. Sie nahm sich ein Stück warme Pizza mit hinauf in ihr Zimmer und legte sich wieder ins Bett.
Dann rief ihre Mutter an.
„Ich bin ungefähr um zehn zu Hause, Mimi.
15 Geht's dir gut? Denkst du daran, Koriander zu füttern und ihm frisches Wasser zu geben?"
„Ja, alles klar, mach ich. Ich hatte mich gerade wieder hingelegt. Vielleicht werde ich ein bisschen fernsehen. Bis nachher, Mama."

20 Miriam musste noch einmal die Treppe hinunter, um den Kater zu füttern. Sie gab Koriander genau die Menge, die ihre Mutter für ihn ausgerechnet hatte. Er sollte schlank und gesund bleiben und *steinalt* werden.

der Rechner, der Computer
erschöpft sein, müde sein
steinalt, so alt wie ein Stein

Bevor Miriam sich wieder zu Bett legte, guckte sie noch einmal aus dem Fenster. Die Bäume waren noch so *kahl*, aber bald würden die beiden Häuser hinter all den vielen Büschen und Bäumen versteckt liegen. Da war Licht in Frau Neumanns Wohnung. 5 Miriam überlegte einen Moment lang, ob die alte Dame vielleicht Besuch hatte. Waren da nicht zwei Personen zu sehen? Aber was ging sie das eigentlich an? Dann wurden die Gardinen plötzlich zugezogen. Das tat Frau Neumann sonst nie. Miriam lachte 10 über sich selbst. Sie war auf dem besten Weg, genauso neugierig zu werden wie ihre alte Nachbarin.

Sie wusste nicht so recht, ob sie die alte Frau eigentlich leiden konnte oder nicht. Eigentlich war sie ja immer *hilfsbereit* und freundlich. Aber das konnte 15 eben auch zu viel werden. Vielleicht wäre es ja nicht so schlimm, wenn sie nur zweimal im Monat vorbeikäme anstatt dreimal am Tag. Und dann diese mystische Mordgeschichte, bei der sie offenbar gründlich mitgemischt hatte. Was in Wirklichkeit passiert war, 20 konnte jetzt wohl keiner mehr herausfinden. Es war nur eigenartig, dass sie Miriams Mutter da hineinziehen wollte. Der Fall war ja zehn Jahre her.

Miriam lag schon im Halbschlaf, als ihre Mutter nach Hause kam. Plötzlich saß sie neben ihr auf 25 dem Bett und strich ihr vorsichtig über die Stirn.
    „Wie geht's, Mimi?", fragte sie.
Zur Zeit tat es Miriam gut, ihren alten Babynamen

---

ein kahler Baum, ein Baum ohne Blätter
hilfsbereit, hilfsbereit sein, gerne helfen wollen

zu hören. Sie lächelte.

„Viel besser als gestern, aber ich bin richtig froh,
dass du morgen frei hast."

„Ja, ich auch. Wir können gemütlich frühstücken
5 und reden."

„Frau Neumann war übrigens hier."

„Ist das etwas Ungewöhnliches?", lachte Miriams
Mutter.

„Ne, natürlich nicht. Aber sie möchte gerne, dass
10 du morgen Vormittag vorbeikommst. Beauty frisst
nicht."

„Kluges Tier", murmelte Miriams Mutter. „Ich weiß
bloß nicht richtig, wie viele Tage der arme Hund
fasten muss, bis er sein Normalgewicht hat. Na ja,
15 ich werde mir Beauty morgen mal ansehen."

„Ohne Rechnung, bitte, Frau Doktor. Frau Neumann hat mir vier Pfannkuchen geliefert. Mit Kirsch-
kompott."

„Selbstverständlich. Sie ist im Grunde genommen
20 eine herzensgute Frau. Jetzt schlaf gut, Mimi. Es ist
spät."

„Gute Nacht, Mama. Ach ja, das hätte ich beinahe
vergessen. Frau Neumann möchte ihre alten Zeitungsausschnitte wiederhaben."

25 „Warum hat sie sie denn nicht gleich mitgenommen? Sie lagen doch auf dem Küchentisch."
Miriams Mutter runzelte die Stirn.

„Hast du sie denn schon gelesen?"

„Nein, dazu habe ich auch keine Lust. Du weißt,
30 dass ich solche alten Klatschblätter nicht ausstehen

| *fasten*, nichts essen

kann. So etwas liest man einfach nicht."

„Sagst du ihr das dann morgen?"

„Wahrscheinlich nicht. Wir sind einfach zu höflich, wir beiden. Es ist schrecklich. Bis morgen. Gute Nacht, mein Schatz." 5

das Holzsegelschiff

das Deck

der Rumpf

4

Miriam träumte von einem riesigen *knirschenden Holzsegelschiff*, das auf hoher See schwankte. Es kämpfte sich durch haushohe Wellen im Pazifik. Frau Neumann war der Kapitän und hatte Glasperlen für sämtliche Einwohner Polinesiens geladen. Es waren 10 so viele, dass die Ladung nicht nur im *Rumpf* des Schiffes, sondern auch in Säcken auf dem *Deck* stehen musste. Aber leider hatten die Schiffsratten Löcher in die Säcke gefressen, so dass überall Perlen rollten, wo man ging. Viele kullerten einfach über 15 Bord. Frau Neumann sammelte eine Handvoll auf und rief:

| *knirschen*, Geräusch u.a. von Holz

21

„Land für Perlen. Perlen für Land. Man kann nie genug Land haben, denn wo Land ist, da ist Gold. Wer Gold und Land hat, wird Gouverneur."

„Das ist *Quatsch*", sagte eine Stimme. „Kompletter Unsinn. Übrigens sind alle Perlen grün. Keiner will grüne Perlen."

„Stimmt. Wie kommt das? Jemand muss meine Perlen vergiftet haben. Gestern waren sie noch rot und blau und gelb."

„Aber ich bitte Sie, Frau Neumann. Keiner vergiftet Perlen."

Das war die Stimme von Miriams Mutter. Sie musste auch auf dem Schiff sein.
Frau Neumann fing plötzlich an zu weinen.

der Wecker — die Leuchtziffer

Miriam wachte auf und hatte Herzklopfen. Die *Leuchtziffern* auf ihrem *Wecker* zeigten an, dass es zwei Uhr nachts war. Sie machte ihre Lampe an und horchte. Frau Neumann weinte immer noch. Miriam stand auf und ging die Treppe hinunter. Da war Licht im Flur und in der Küche.

Miriam sah Frau Neumann und ihre Mutter, die beide auf dem Küchenfußboden knieten - und vor ihnen lag Beauty.

der Quatsch, der Unsinn

„Ist sie tot?", fragte Miriam erschrocken.

„Ja, leider. Da war nichts zu machen", sagte ihre Mutter und stand auf.

„Sie ist vergiftet worden. Jemand hat meinen
5 armen Hund vergiftet. Arme kleine Beauty, sie konnte doch nichts dafür. Das arme unschuldige Tier", jammerte Frau Neumann.

„Aber wer sollte denn so etwas tun, liebe Frau Neumann?" Miriams Mutter klang ein bisschen ver-
10 ärgert.

Und Miriam wusste, warum. Garantiert hatte der Hund eine Krankheit bekommen, einfach weil er zu dick war. Mutter war immer *wütend* auf Leute, die ihre Tiere falsch *ernährten.*

15 „Hier vergiftet niemand Hunde. Wir wohnen in einem friedlichen Viertel in einer harmlosen Stadt", fügte Miriams Mutter hinzu.

„In einer harmlosen Stadt? Haben Sie die Zeitungsausschnitte immer noch nicht gelesen? Dann
20 wissen Sie auch nicht, wozu Menschen *fähig sind.*"

Mutter schüttelte ungläubig mit dem Kopf. Dann überlegte sie einen Moment.

„Aber wenn Sie möchten, kann man Ihren Hund natürlich untersuchen lassen. Das ist allerdings
25 ziemlich teuer."

---

wütend sein, sehr böse sein
ernähren, etwas zu Essen geben
fähig sein, etwas können

24

„Egal wie teuer das ist. Ich will das genau wissen. Sonst habe ich keine Ruhe."

„Gut, Frau Neumann. Jetzt legen wir Beauty nach draußen in den kühlen *Schuppen*. Und morgen Vormittag fahre ich sie in die Praxis. Am Montag kön- 5 nen wir dann Proben an das Labor schicken und in einer Woche werden wir eine Antwort haben."

Frau Neumann wirkte jetzt ruhiger. Sie nickte, stand auf und hielt sich an einer *Stuhllehne* fest.

„Ich muss morgen mit Ihnen reden", sagte sie lei- 10 se. „Es ist sehr wichtig für mich. Es hat mit diesen Zeitungsausschnitten zu tun. Da sind Dinge, die ich einfach mit jemandem besprechen muss."

„Das ist in Ordnung. Morgen Nachmittag, ja? So gegen fünf Uhr?" 15

Frau Neumann nickte. Dann sah sie zu, wie Miriams Mutter den toten Hund in eine alte Decke packte und hinaus in den Geräteschuppen im Garten trug.

Miriam blieb in der Küche sitzen. Sie konnte nicht 20 schlafen. Aber ihre Mutter wollte nicht reden. Sie hatte einen langen Arbeitstag hinter sich, dazu einen Vortrag und Diskussionen. Miriam musste sich alleine helfen. Sie setzte sich an den Computer und schrieb eine E-Mail an Marc und Angela. 25

der Schuppen, kleines Holzhaus für Sachen
die Stuhllehne, Rückenteil eines Stuhles

Hallo ihr beiden,

ich muss euch unbedingt von dem nächtlichen Horror hier im Haus berichten. Stellt euch vor: Gerade *träumte* ich so schön von Frau Neumann, die *leibhaftig* in unserer Geografieaufgabe auftauchte: Als Kapitän auf einem Monsterschiff mit Glasperlen und Schiffsratten.

Und plötzlich wachte ich auf, weil sie tatsächlich bei uns im Haus war. Sie hatte ihren Hund mitgeschleppt, der *in den letzten Zügen lag* und dann in unserer Küche gestorben ist. Was sagt ihr jetzt? Das Wahnsinnige ist allerdings, dass sie glaubt, jemand hätte den Hund vergiftet. Meine Mutter ist natürlich ziemlich sauer, weil sie den Hund morgen in die Praxis fahren muss. Sie hat es Frau Neumann aber versprochen. Wenn sie Glück hat, kann ihr Kollege die Proben nehmen. Wie *eklig*!!!

Ich hoffe, dass ich heute Nacht noch einmal einschlafen kann.

Bis Montag,
Miriam

träumen, beim Schlafen denken
leibhaftig, fysisch zu erkennen
in den letzten Zügen liegen, letzte Atemzüge machen
eklig, sehr unangenehm

5

Miriam wachte auf, weil ihr Handy seine kleine Melodie spielte. Es war Marc.

„Na?", sagte er. „Was ist los?"
„Was los ist? Ich bin gerade aufgewacht. Wie spät ist es eigentlich?" 5
„Elf. Ich habe eben deine Mail gelesen."
„Ach so, diese verrückte Geschichte."
„Ich habe gerade Zeit, kann ich vorbeikommen?"
„In einer halben Stunde, okay? Ich muss erst einmal richtig wach werden." 10
„Alles klar. Bis dann."

Miriam ärgerte sich ein bisschen, weil es so spät war. Ihre Mutter hatte doch versprochen, dass sie miteinander frühstücken würden. Und dann hatte sie sie nicht einmal geweckt. Wo war sie überhaupt? 15
Miriam rief durchs ganze Haus, aber niemand antwortete.
Vielleicht war sie schon zum Einkaufen gefahren. Ihre Mutter war *Frühaufsteherin*.
Ach ja, Beauty. Fast hätte sie das vergessen. Viel- 20
leicht war sie in die Praxis gefahren und hatte den Hund dort abgeliefert.
Miriam ging ins Bad und zog sich danach an. Sie musste aufpassen, dass sie nicht fror. Eine Wolljacke und dicke Socken waren sicher richtig. Dann guck- 25
te sie aus ihrem Fenster. Sie konnte Frau Neumanns Vorgarten überblicken. Da standen einige Leute und

| *der Frühaufsteher*, am Morgen aktiver Mensch

sprachen miteinander. Miriams Mutter war auch dabei. Wie seltsam. Hatte Frau Neumann vielleicht Geburtstag? Aber das hätte sie doch gestern sagen können.

5 Miriam zog ihren Mantel und ihre Schuhe an und ging aus dem Haus. Da sah sie einen Krankenwagen, der in normalem Tempo wegfuhr. Ohne *Sirene*, aber mit *Blaulicht*.

Und dann kam Marc mit dem Rad und stellte es an
10 die Hecke. Er entdeckte Miriam und winkte.

„Und?", fragte er.

„Was und?", antwortete Miriam. „Ich bin genauso klug wie du. Da fuhr eben ein Krankenwagen ab. Da stehen viele Leute im Nachbargarten, meine
15 Mutter hat mich nicht geweckt und ich bin ratlos. Nett, dass du da bist."

„Sollen wir hinübergehen?"

„Ja, komm."

Miriams Mutter war schon auf dem Weg zurück,
20 als Miriam und Marc Frau Neumanns Grundstück betraten. Sie sah unglücklich aus und hatte Tränen in den Augen.

„Es tut mir so furchtbar leid. Es ist einfach schrecklich. Frau Neumann ist ihre *steile* Kellertreppe hin-
25 untergefallen. Ich habe sie gefunden. Ich wollte ihr bloß sagen, dass ich den Hund jetzt mitnehme. Falls

---

die Sirene und das Blaulicht, akustisches und visuelles Signal von Polizei, Krankenwagen und Feuerwehr
steil, tief hinunter oder hinauf

sie ihn nochmal sehen wollte. Die Tür war nicht abgeschlossen. Und dann habe ich sie gefunden. Sie hätte diesen Keller gar nicht mehr benutzen dürfen. Es tur mir so leid, Mimi."

„Ist sie tot?" fragte Miriam ungläubig. „Aber was ist mit dem Krankenwagen?" 5

„Nein, sie lebt noch, aber es sieht gar nicht gut aus. Da ist sicher nichts mehr zu machen. Natürlich wird sie ins Krankenhaus gefahren, wohin sonst? Sie wird dort untersucht und vielleicht behandelt. Und 10 falls sie stirbt, kommt die Polizei auch irgendwann, sicherheitshalber. So ist das eben. Das ist Routine."

„Wollen die dann auch mit dir reden?"

„Bestimmt, aber da ist ja nicht so viel zu sagen. Die Treppe ist wahnsinnig steil und Frau Neumann 15 war ziemlich *wackelig* auf den Beinen."

„Aber der Hund?", fragte Marc.

„Hallo Marc, Entschuldigung, dass ich dich nicht gleich begrüßt habe. Ich bin so durcheinander. Das mit dem Hund hat die arme Frau ja auch aufgeregt. 20 Ganz klar, dass sie nicht richtig konzentriert war."

„Ist Beauty vergiftet worden, Mama? Was meinst du, ganz ehrlich?"

„Das ist Quatsch, der Hund war elf Jahre alt. Dazu total falsch ernährt und dann hatte er überhaupt kei- 25 ne Kondition. Frau Neumann hat ihn ja nie richtig laufen lassen. Ne du, Beauty hat sicher ein schwaches Herz gehabt. Schade um den Hund."

„Du willst Beauty nicht untersuchen lassen?"

„Auf Giftspuren? Das wäre ziemlich *albern*, fin- 30

wackelig, unsicher
albern, lächerlich

29

dest du nicht? Ich meine, dass sie einfach verbrannt werden sollte."

„Oder im Garten begraben?", fragte Marc.

„Der Hund ist zu groß, und außerdem in welchem Garten? Unser Haus ist nur *gemietet* und Frau Neumanns Haus wird sicher bald verkauft."

Miriams Mutter zuckte mit den Schultern.

„Lasst uns eine Tasse Kaffee trinken, Kinder. Du musst auch etwas essen, Miriam. Du wirst zu dünn. Und du, Marc? Hast du Hunger?"

Sie gingen ins Haus. Marc setzte sich an den Küchentisch. Er konnte sehen, dass Miriam und ihre Mutter unglücklich waren und es tat ihm leid, dass er gar nicht helfen konnte.

„Wo sind eigentlich die Zeitungsausschnitte von gestern?", fragte er. „Hat Frau Neumann sie mitgenommen?"

„Hier liegen sie jedenfalls nicht", stellte Miriam fest. „Mama, kannst du dich erinnern, ob Frau Neumann ihren Umschlag heute Nacht mitgenommen hat?"

„Auf gar keinen Fall. Sie wollte ja, dass ich das Zeug lese. Und dann wollte sie auch mit mir darüber reden."

„Aber wo sind sie dann?", fragte Miriam ratlos.

„Weg. Sie sind nicht da." Marc sah sich in der Küche um.

| *mieten*, für Geld leihen

„Merkwürdig. Ich kann sie doch nicht weggewor-
fen haben?" Miriams Mutter überlegte angestrengt.
Ich habe heute Morgen ein paar Zeitschriften aus-
sortiert.

„Wo hast du sie hingelegt?", fragte Miriam. 5
„In eine Plastiktüte an der Treppe."
„Ich sehe gleich nach", rief Miriam und sprang
auf. Marc ging mit ihr.
„Nein, sie sind nicht dabei", sagte er. „Hier sind
nur die Zeitschriften." 10
„Wisst ihr was? Jetzt lassen wir uns nicht verrückt
machen. Marc, hilfst du mir bitte, den Hund in den
Kofferraum zu legen? Ich fahre ihn weg. Ich will keinen *Kadaver* im Schuppen haben. Das Ganze wird
ein bisschen zu viel für mich. Ich bin nicht beson- 15
ders krisenfest."

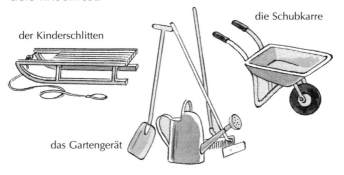

die Schubkarre

der Kinderschlitten

das Gartengerät

Miriam ging mit in den Garten zum Schuppen, in
dem zwei Paar Ski, ein alter *Kinderschlitten*, die
Schubkarre und ein paar *Gartengeräte* standen. Als
ihre Mutter die Tür öffnete, rief sie: 20

| *der Kadaver*, totes Tier

31

„Ich werde wahnsinnig. Der Hund ist weg. Was hat sie mit dem Hund gemacht? Sie hat ihn sicherlich heute früh geholt und einfach bei sich im Garten vergraben. Das kann doch nicht wahr sein!"

5 „Natürlich kann das nicht wahr sein, Mama. Denk an die harte Erde, wir haben gerade noch Frost gehabt."

„Du hast Recht. Ich versteh das bloß nicht. Heute Nacht habe ich den Hund hier hingelegt. Das ist so 10 idiotisch, das alles. Wir müssen herausfinden, wo sie ihn hingebracht hat. Wir können hier keinen toten Hund herumliegen haben."

„Aber wir können ja nur in ihrem Garten nachgucken, ins Haus darf man sicher nicht."

15 „Du hast Recht. Falls die Polizei kommt, werde ich ihnen sagen, dass sie den Hund suchen sollten, ehe er...". Miriams Mutter machte eine hilflose Handbewegung.

„Alles klar, du brauchst nicht mehr zu sagen." 20 Miriam legte den Arm um die Schulter ihrer Mutter.

„Miriam, willst du einen kleinen Spaziergang machen?", fragte Marc.

„Gerne, wir gehen ungefähr eine Stunde, okay?"

„In Ordnung. Übrigens, ich fahre dann gleich zum 25 Einkaufen. Bis nachher."

Marc und Miriam gingen zum nahen Stadtpark. Sie *schwiegen* eine lange Zeit.

„Ich finde alles heraus, was mit dieser Geschichte zu tun hat", sagte Marc plötzlich. „Ich weiß, wo ich

---

schweigen, nicht sprechen

suchen muss."

„Wie meinst du das?"

„Ich erinnere mich an die Daten und die Namen."

„Welche Namen?"

„Der Zeitschrift, der Personen, ich habe ein 5
Gedächtnis für Einzelheiten, das weißt du doch."

„*Glückspilz.*"

10

der Glückspilz

„Sag doch gleich: Streber."

„Quatsch, du weißt, dass ich *neidisch* bin. Aber 15
ganz ehrlich, was sollen wir mit all dem anfangen?"

„Ich weiß es selber nicht. Aber, was mich stört, ist,
dass diese Frau Neumann offensichtlich etwas
erzählen wollte. Und das hat sie nicht mehr
geschafft. Und dann verschwinden diese Artikel, ihr 20
Hund stirbt und sie hat einen Unfall."

„Das finde ich ja auch seltsam. Aber muss da
wirklich ein Zusammenhang sein?"

„Keine Ahnung. Das ist nur so ein Gefühl. Könnte
jemand in euer Haus gekommen sein?" 25

„Du glaubst, dass Frau Neumann gekommen ist
und die Artikel geholt hat? Warum sollte sie?"

„Vielleicht hat sie es *bereut*, dass sie darüber
gesprochen hat."

30

ein gutes Gedächtnis haben, sich gut erinnern können
neidisch sein, sich das wünschen, was ein anderer hat
etwas bereuen, man will es nie wieder tun

„Es ist mystisch, das Ganze. Habe ich dir eigentlich gesagt, dass Frau Neumann gestern spät am Abend Besuch gehabt hat?"

„Von wem?"

5 „Keine Ahnung. Ich glaube aber ziemlich sicher, dass ich zwei Gestalten gesehen habe. Und dann wurden die Gardinen zugezogen."

„Ziemlich sicher? Wie sicher ist das?"

Sie *schlenderten* wieder zurück. Dann fuhr Marc
10 mit seinem Rad nach Hause. Er winkte Miriam zu.

„Bis Montag in der Schule", sagte er. „Bis dahin sehe ich auch klarer."

„Rufst du mich an, wenn dir etwas einfällt?", fragte Miriam.

15 „Logisch. Tschüs."

Miriam ging zurück ins Haus. Ihre Mutter war schon weg. Sie hatte aber einen kleinen Zettel hinterlassen. „Bin gleich zurück", stand da.

6

Miriam hatte ihren Vater seit vier Wochen nicht
20 gesehen. Erst einmal war sie ja krank gewesen, aber dann hatte sie auch keine Lust gehabt, ihn und seine neue Frau Susanne und sein neues Baby in seinem neuen Haus zu besuchen. Aber jetzt war es gut, mit ihm zu sprechen. Sie hatte Gück, an diesem

| *schlendern,* langsam gehen

Wochenende war er allein. Susanne und das Super-baby waren zu Besuch bei ihrer Familie.

„Ruf deinen Vater an und frag ihn, ob er dich holen kann", hatte Miriams Mutter am Sonntagvor-mittag gesagt. Ich möchte gerne, dass du auf andere 5 Gedanken kommst."

Miriams Mutter hatte gleich samstagmittags mit der Polizei geredet, wollte aber nicht mit ihrer Tochter darüber sprechen. Ob sie etwas über die alten Klatschblätter gesagt hatte, war *fraglich*. Sie hatte sie 10 ja niemals gelesen. Wo der Hund geblieben war, wusste die Polizei jedenfalls auch nicht.

Und nun hielt Miriams Vater mit seinem Wagen vor der Gartentür und wartete auf sie. Er kam nie ins Haus. Er lächelte, als Miriam einstieg und küsste sie 15 auf die Wange.

„Na, habt ihr euch gestritten?", fragte er.
„Nein, Mama findet, dass ich Luftveränderung brauche. Unsere Nachbarin hatte einen Unfall und ist im Krankenhaus. Sie ist *bewusstlos*." 20
„Ach, das tut mir leid. Ist das die alte Dame, die euch so oft besucht hat?"
„Ja." Miriam musste schlucken.

Sie dachte daran, was ihre Mutter gesagt hatte. Herzensgut. Das war sie ganz sicher gewesen, nett 25

fraglich, nicht sicher
bewusstlos, im Koma

und hilfsbereit und freundlich. Aber auch eine richtige *Nervensäge*, eine *Klatschbase*, die sich in alles eingemischt hatte und immer alles tausendmal besser wusste als der Rest der Menschheit. Und dann
5 hatte sie auch immer versucht, Miriam über alles auszufragen, was sie gar nichts anging.

Aber das war jetzt egal. Sie würde sicherlich nie mehr mit ihren Kuchen und Blumen und guten Ratschlägen kommen. Sie hatte es keinesfalls verdient,
10 die Treppe hinunterzufallen.

Miriam und ihr Vater fuhren zu dem Restaurant am See, in dem sie früher oft gegessen hatten. Damals, als sie noch eine Familie waren.

„Ich bin nicht besonders hungrig", sagte Miriam
15 entschuldigend.

„Du bestellst einfach das, was du magst", sagte ihr Vater. „Du kannst ja auch mit Erdbeereis anfangen."

„Gute Idee, komisch. Das funktioniert immer. Erst Erdbeereis und dann Salat mit Gulasch."

20 Miriams Vater lachte.

„Die Hauptsache ist, dass du wieder ein bisschen Energie bekommst."

Es dauerte nicht lange, bis die Kellnerin mit den Getränken und dem Essen kam. Es waren nur weni-
25 ge Gäste im Restaurant.

---

die Nervensäge, eine sehr irritierende Person
die Klatschbase, eine Person, die über andere redet

„So", sagte ihr Vater nach ein paar Minuten und sah sie prüfend an. „Jetzt die ganze Geschichte, ja?"

Miriam *zögerte* einen Augenblick, dann erzählte sie einfach alles, was ihr einfiel. Er würde *dichthalten*, so war er. Er würde weder ihrer Mutter noch seiner neu- 5
en Frau Susanne etwas von ihrem Gespräch erzählen.

„Jetzt lass erst mal ein paar Wochen vergehen, dann sieht das alles viel harmloser aus", sagte er, als Miriam fertig war. „Du bist natürlich aufgeregt nach all dem. Das ist ganz normal. Aber du rufst einfach 10
immer an, wenn du Lust hast, mit mir zu sprechen, ja? Du hast meine neue Handynummer. Wenn du willst, können wir auch mit Georg reden. Er ist gera-
de verreist, aber ich glaube, er kommt in ein paar Tagen zurück." 15

„Onkel Georg? Dein alter Schulfreund? An den habe ich lange nicht mehr gedacht. Was sollen wir ihm sagen?"

„Ich dachte bloß, weil du und deine Freunde euch für diesen Mordfall interessiert habt. Vielleicht 20
möchtet ihr wissen, wie dieses *Urteil gefällt* werden konnte. Also ein Mord ohne Leiche."

„Weiß der so was?"

„Er ist schließlich *Staatsanwalt*. Das ist ganz einfach sein Beruf, alles zu wissen, was mit *Straftaten* 25
zu tun hat."

zögern, abwarten
dichthalten, nichts verraten
das Urteil fällen, einem Schuldigen eine Strafe auferlegen
der Staatsanwalt, ein Jurist, der für den Staat arbeitet
die Straftat, die kriminelle Handlung

„Hm, mal abwarten. Ich ruf dich an, wenn mir etwas Neues einfällt."

Miriam kam schon um acht Uhr abends nach Hause, sie musste schließlich am nächsten Morgen wie-
5 der zur Schule. Aber sie wollte auch *rechtzeitig* wieder weg sein, bevor die neue Frau ihres Vaters mit ihrem prachtvollen Baby zurückkam.

Ihre Mutter saß vor dem Fernseher. Koriander lag auf ihrem Schoß. Sie winkte nur und versuchte, zu
10 lächeln. Miriam winkte zurück und ging die Treppe hinauf. Sie wollte alleine sein.

Sie packte ihre Schultasche und ging dann ins Badezimmer, putzte die Zähne und bürstete ihr Haar. Sie überlegte, ob sie später bei Marc oder Angela anrufen
15 sollte, aber die hatten Geschwister und Eltern zu Hause. Sicher saßen sie zusammen und machten irgendetwas. Sie spielten vielleicht Karten oder sahen fern. Angelas Familie war musikalisch, ihre Eltern und Geschwister übten oft in ihrem Hausorchester.
20 Miriam konnte sich nicht daran erinnern, was Vater und Mutter und sie abends gemacht hatten. Die Eltern hatten beide immer so viel Arbeit gehabt.

Als Miriam wieder in ihrem Zimmer war, hatte sie
25 plötzlich das *Bedürfnis*, ihre Gardinen zuzuziehen. Die Nacht war so schwarz da draußen. Sie warf einen *hastigen* Blick auf Frau Neumanns Haus. Da

rechtzeitig, früh genug
das Bedürfnis, etwas stark wollen
hastig, schnell

schien ihr, als blitzte ein kurzer Lichtstrahl im Wohnzimmer auf, aber vielleicht war das nur der Reflex
eines *Scheinwerfers.*

7

Es war fantastisch, wieder in die Schule zu kommen.
Endlich passierte wieder etwas. Der Lärm schien 5
Miriam lauter als zuvor, aber sie war glücklich, die
Klasse endlich wieder zu sehen. Sieben Stunden
waren viel, aber die Lehrer nahmen *Rücksicht* auf
sie. Sie musste eben in den nächsten Wochen *aufholen* und sicher auch in den Osterferien lernen. 10

Angela, Marc und Miriam standen nach dem Unter-
richt bei den *Fahrradständern.*

„Wann machen wir an der Geografieaufgabe weiter?", fragte Angela. „Die Zeit läuft."
„Vielleicht morgen?", schlug Miriam vor. „Ich 15
habe heute so viel in Mathe und Französisch und
dazu noch einen deutschen Aufsatz."
„Morgen ist auch für mich okay", sagte Marc. „Ihr
könnt zu mir kommen. Am besten gleich nach der
Schule." 20
„Abgemacht", sagte Miriam. „Das passt mir *aus-*

---

der Scheinwerfer, das Licht von einem Auto
die Rücksicht, jemand aufmerksam behandeln
aufholen, auf den Stand der anderen kommen
Fahrradständern, Stative für Fahrräder
ausgezeichnet, sehr gut

gezeichnet."

„Entschuldigung, dass ich so dumm frage: Gehst
du ins Krankenhaus zu deiner Nachbarin?", fragte
Angela vorsichtig.

5 „Ich glaube nicht, dass wir da reingelassen werden. Sie ist ja nicht bei Bewusstsein. Wahrscheinlich
überlebt sie den Unfall gar nicht. Mir wird ganz
elend, wenn ich daran denke. Meine Mutter hat
auch gar nichts darüber gesagt."

10 „Soll ich weiter in diesem seltsamen Fall *herumschnüffeln*?", fragte Marc.

„Was soll dabei herauskommen?" Miriam war sich
im Zweifel.

„Das kann man ja nie wissen. Aber im Netz gibt
15 es Seiten über alte Kriminalfälle."

„Wirklich? Wie viele Jahre hat der Mann eigentlich bekommen?" , wollte Angela wissen.

„Lebenslänglich natürlich," sagte Marc überzeugt.

„Ohne Leiche?", fragte Angela verärgert.

20 Marc nickte. „Genau das ist eben interessant."
Miriam stellte ihre Schultasche auf den Gepäckträ-
ger. Dann murmelte sie:

„Und Beauty wurde bisher auch nicht gefunden."
Angela lachte: „Du kannst doch nicht einen Hund
25 mit einem Menschen vergleichen."

„Eigentlich nicht, aber irgendwie ist es doch merkwürdig", verteidigte sich Miriam.

„Na ja, sicherlich. Wir sehen uns jedenfalls morgen." Mark nickte den Mädchen zu und fuhr los.

30 „Ja, mach's gut."

„Bis dann."

herumschnüffeln, wie ein Spürhund suchen
im Zweifel sein, unsicher sein

8

Marc war gerade nach Hause gekommen, als sein Handy klingelte. Es war Miriam, die mit aufgeregter Stimme flüsterte.

„Marc, du musst sofort kommen. Ich glaube, dass jemand hier bei uns im Haus war." 5

„Wieso das denn?"

„Ich weiß, es ist blöde von mir. Ich könnte ja meine Mutter anrufen, aber sie hat immer so viel zu tun. Und es ist auch nicht so richtig auffällig. Alles ist fast normal, aber eben nur fast." 10

„Okay, ich bin in einer Viertelstunde bei dir."

Miriam öffnete die Tür. Sie war ganz blass.

„Tut mir leid. Vielleicht bin ich total *übergeschnappt*."

„Was ist denn passiert?" 15

„Also, normalerweise wartet Koriander auf mich, wenn ich komme. Er sitzt erst auf dem Fensterbrett in der Küche und steht dann an der Haustür, wenn ich aufschließe. Aber heute war er nicht da. Ich kam in die Küche und dort lag ein Blumentopf auf dem 20 Boden. Koriander wirft sonst nie Sachen um. Er geht um alle Hindernisse herum wie ein Balletttänzer."

„Und dann?"

„Ich habe ihn gesucht und schließlich unter meinem Bett gefunden. Er hatte riesengroße Augen vor 25 Angst."

„Ist sonst etwas verändert?"

übergeschnappt sein, verrückt sein

41

„Ich habe nichts bemerkt, aber ehrlich gesagt, ich habe auch nicht so gründlich geguckt."

„Na gut, dann sehen wir eben jetzt genau nach."

Miriam lachte erleichtert und legte ihre Hand auf
5 Marcs Schulter.

„Es tut mir so leid, dass ich so hektisch bin und dich gestört habe. Du bist sicher auch müde von der Schule. Vielleicht ist ja alles falscher Alarm."

„Vielleicht. Fangen wir im Wohnzimmer an. Sag,
10 wenn dir etwas auffällt."

„Nichts, wir haben ja auch keine wertvollen Sachen. Der Rechner ist ziemlich alt, Fernseher und Musikanlage sind auch nichts wert. Es lohnt sich jedenfalls nicht, sie mitzunehmen. Meine Mutter
15 interessiert sich nicht für *Schmuck*, wir haben keine *echten Teppiche*, keine *Gemälde*. Ich weiß wirklich nicht, was hier zu holen wäre."

„Nächstes Zimmer."

„Das ist das Zimmer meiner Mutter. Sie hat das
20 Bett, einen Kleiderschrank und eine Kommode. Da ist nichts Auffallendes. Alles ist wie immer. Wir sind nicht reich und verstecken weder Geld noch Diamanten im Haus."

Miriam öffnete den Schrank und ein paar *Schubla-*
25 *den*.

„Nichts."

---

der Schmuck, Ringe, Ketten aus Gold und Silber u.a.
der echte Teppich, handknüpfter Teppich
das Gemälde, wertvolles Kunstobjekt
Schubladen, in einer Kommode sind Schubladen

„Weiter. Dein Zimmer im ersten Stock."

„Nichts. Keine Veränderung."

„Was ist mit der Treppe da? Habt ihr noch ein Zimmer da oben?"

„Nein, nicht richtig, das ist nur der *Dachboden*." 5

Marc wischte mit dem Finger über eine der *Stufen*, dann machte er eine Lampe an.

„Gut, dass ihr nicht so oft *Staub* wischt", sagte er. „Hier war jemand, Miriam. Guck, da sind Fußabdrücke. Seid ihr gerade erst oben gewesen? Deine 10 Mutter vielleicht?"

„Das kann schon sein. Ich war ja gestern nicht zu Hause."

„Wollen wir raufgehen und gucken?"

„Kein Problem. Wenn da jemand war, dann ist er 15 sicher jetzt weg."

„Hoffentlich", lachte Marc. „Komm."

Der Dachboden war nicht besonders groß. Da standen *Umzugskartons*. Einige von ihnen waren halb offen. Vielleicht hatte Miriams Mutter etwas gesucht. 20

„Was ist da drinnen?", fragte Marc.

„Langweilige Bücher, die meine Mutter noch nicht ausgepackt hat, Ordner und Fachzeitschriften. Alles

der Dachboden, unbewohnter Raum direkt unter dem Dach
die Stufe, eine Treppe besteht aus Stufen
der Staub, kleinste Teilchen in der Luft
der Umzugskarton, siehe Zeichnung auf Seite 44

der Umzugskarton

44

uninteressanter *Krempel*."

„Sonst nichts?"

„Nein. Aber da fällt mir ein, dass da einiges *Gerümpel* stand, als wir eingezogen sind."

„Was für ein Gerümpel?"   5

„Bretter, alte Türen, leere Koffer, eine rostige Näh-maschine und dazu ein Umzugskarton mit Papier und Kleidern. Der war ziemlich vergraben unter all dem *Ramsch*. Als wir aufgeräumt haben, haben wir alles dort in den entferntesten Winkel geschoben. 10 Das Haus gehört uns ja nicht. Meine Mutter wollte diese privaten Sachen nicht wegwerfen, falls der letzte Mieter kommt und danach fragt."

„Oder der vorletzte Mieter?"

„Denkst du an den Kriminalfall?"   15

„Was sonst?"

„Wo ist diese alte Kiste?"

„Hier."

„Das Licht ist zu schlecht. Ich trage sie runter."

Marc schleppte den Karton die Treppe hinunter und 20 stellte ihn in Miriams Zimmer ab.

„Das tut man vielleicht nicht, aber jetzt sind wir neugierig, oder?", murmelte Marc und kratzte sich am Hinterkopf.

„Okay, wir packen alles aus", sagte Miriam. „Da 25 kommt sowieso keiner. Hier: Das sind alles Sachen von einer Frau, Kleider und Sandalen. Und: Alte Schulhefte, Bücher und auch Briefe."

„Zeig mal, was steht hier auf dem Heft? Alice

| *der Krempel, das Gerümpel, der Ramsch,* alte wertlose Sachen

45

Bauer. Dämmert dir was? Alice?", rief Marc.

„Genau. Alice Bauer und hier Alice Schmidt. Bauer muss ihr *Mädchenname* gewesen sein", überlegte Miriam. „Logisch, und das sind alles Sachen von die5 ser ermordeten Ehefrau."

„Verschwundenen Ehefrau, bitte. Ermordet bedeutet für mich persönlich, dass man eine Leiche gefunden hat. Weißt du was?" Marc wirkte aufgeregt.

„Was?"

10 „Das wird ein bisschen zu heiß für uns. Irgendjemand scheint etwas zu suchen und wir wissen nicht, was es ist."

„Da guck mal: Hier ist ein *ungeöffneter* Brief von ihr selbst. Er muss zurückgekommen sein. *Empfänger unbekannt verzogen.*"

15

Miriam nahm eine Schere und öffnete den Brief. Marc und sie sahen konzentriert auf die kleinen undeutlichen Buchstaben.

„Kannst du die Schrift lesen?", fragte Marc. Miriam
20 nickte.

„Okay, das sollte man nicht tun, aber das muss ein *Ausnahmefall* sein. Hier:

, Meine liebe Johanna,

25 danke für deinen letzten Brief. Meine Nachbarin hat ihn gerade gebracht. Das war ein

---

der Mädchenname, Familienname vor der Hochzeit einer Frau
ungeöffnet, geschlossen
der Empfänger, die Person, die etwas bekommen soll
unbekannt verzogen, an eine neue unbekannte Adresse gezogen
der Ausnahmefall, etwas, das selten passiert

46

Trost. Sei nicht so besorgt. Ich sollte nicht so viel davon reden, aber es ist doch immer eine Erleichterung.

Er hat eben dieses Temperament. Ich kann es immer an seinem Gesicht merken, er sieht durch mich hindurch. Und dann poliert er sein Gewehr und geht auf die Jagd. Ich finde es ziemlich widerlich. Und dann kommt er mit diesen toten Hasen zurück und wirft sie auf den Küchentisch.

Vor einer Woche habe ich lange mit Frau Neumann gesprochen, sie ist goldig. Sie ist immer so hilfsbereit. Wenn du deine Briefe nicht an sie schicken könntest, wäre es unmöglich für uns, Kontakt zu halten. Er öffnet meine gesamte Post.

Frau Neumann hatte ihn mit seinem Gewehr und diesem Ausdruck im Gesicht wegfahren sehen und kam, um mich zu besuchen. Es war nett, ich habe ziemlich viel geheult und sie hat mir ihre Hilfe angeboten.

‚Kommen Sie jederzeit zu mir, egal wann, ich helfe Ihnen, hat sie gesagt. Ich wohne ja schließlich gleich nebenan.‘

Ich glaube wirklich, sie hasst Männer. Sie muss schlechte Erfahrungen gemacht haben. ‚Mich hat nie ein Mann geschlagen‘, hat sie gesagt. Na ja, immerhin etwas.

Nun hoffe ich, dass der Brief noch an deiner alten Adresse ankommt. Schicke mir deine

heulen, weinen wie ein trauriger Hund

47

neue so schnell wie möglich. Vielleicht gelingt es ja eines Tages, dass ich dich in Montreal besuche. Falls er es erlaubt. Er hat meinen Pass.

Alles Liebe
Deine Alice'

5

„Diese Johanna, wie heißt sie weiter?", fragte Marc.

„Ebert. Johanna Ebert. Glaubst du, dass sie damals von der Polizei verhört worden ist?"

„Kann sein. Oder auch nicht. Wer weiß", sagte
10 Marc und zuckte mit den Schultern. „Sie ist *ausge-wandert*", fügte er hinzu. „Wann war das?"

„Wie alt ist der Brief?", fragte Miriam. „Warte mal, hier ist der Poststempel. Der Brief ist eine Woche vor ihrem Verschwinden zurückgekommen."

15 „Hast du eine gute Idee? Ich nicht." Marc sah hilf-los aus.

„Ich habe mit meinem Vater gesprochen. Er fand das auch alles ziemlich mystisch, aber er sagte auch, dass wir vorsichtig sein sollten. Zu viel Fanta-
20 sie ist ungesund, hat er gesagt. Aber sein Freund ist Staatsanwalt, den könnten wir nach diesem Mord-fall fragen. Er ist bloß gerade verreist. Er ist übrigens richtig nett. Ich kenne ihn noch von früher, als mein Vater noch mit uns zusammen gewohnt hat."

25 „Wann kommt er wieder?"

„Irgendwann in dieser Woche. Was machen wir jetzt mit dem Karton?"

„Zurück auf den Dachboden, aber den Brief zei-gen wir vor, okay?"

| *auswandern*, emigrieren

„Ja. Und dann?"

„Wir müssen unbedingt mit Frau Neumann sprechen", sagte Marc.

„Das kann man nicht." Miriam schüttelte mit dem
Kopf.

„Wir müssen es versuchen, vielleicht wacht sie
doch noch mal auf."

„Wir werden doch gar nicht da reingelassen, wir
sind ja nur Nachbarn", sagte Miriam. „Außerdem sind
wir nicht erwachsen. Es ist sinnlos."

„Quatsch. Du hast so viel Fantasie. *Streng dich* ein
bisschen *an*."

„Na gut, ich strenge mich an. Und du rufst bei
unserem lieben Herrn Fiedler an und sagst ihm, dass
wir unsere Geografieaufgabe nicht bis Donnerstag
schaffen, ja? Sag, dass es meine Schuld ist."

„Ich kann's ja probieren."

9

Miriam ging allein zur *Aufnahme* im Krankenhaus,
während Marc in der Vorhalle wartete und telefo-
nierte.

„Ich möchte gerne meine Großtante Frau Neumann besuchen", füsterte Miriam. „Wir haben erst
jetzt *erfahren*, dass sie einen Unfall hatte."

„Frau Neumann? Einen Moment. Ja, hier. Sie liegt

---

sich anstrengen, hart arbeiten
die Aufnahme, Empfangsraum im Krankenhaus
etwas erfahren, zu wissen bekommen

auf der Intensivstation. Ich glaube nicht, dass man sie jetzt besuchen kann. Wo sind Ihre Eltern?"

„Meine Eltern wohnen in Indien. Mein Vater ist Diplomat und ich lebe im *Internat*."

5 „Kommen Ihre Eltern auch?"

„Ja, natürlich. So bald wie möglich, aber sie haben mich gebeten, meine Großtante zu besuchen. Sie rufen mich heute Abend an. Wahrscheinlich können sie übermorgen kommen."

10 „Vielleicht ist es besser, wenn Sie mit der *Stationsschwester* sprechen. Ich gebe Bescheid, dass Sie auf dem Weg sind, ja?"

Miriam nickte. Es war kein Problem, traurig und bekümmert auszusehen. Sie spielte ihre Rolle völlig
15 natürlich. Sie war traurig und bekümmert, obwohl sie keine Großtante im Krankenhaus hatte, sondern nur eine Nachbarin.

In der Intensivstation kam gleich eine Krankenschwester auf sie zu. Sie war noch sehr jung.
20 „Du willst Frau Neumann besuchen, nicht?"

„Ja, kann sie mich hören?"

„Ja, sie kann auch ein bisschen sprechen. Nur nicht so lange. Ein paar Minuten vielleicht."

„Wird sie *überleben*?"
25 „Es geht ihr leider nicht so gut. Kommen deine Eltern auch bald?"

„Ja, so schnell wie möglich. Wahrscheinlich morgen."

---

das Internat, eine Schule, in der Schüler wohnen
die Stationsschwester, leitende Krankenschwester
überleben, nicht sterben

50

Dann stand Miriam an Frau Neumanns Bett. Sie
konnte ihre alte Nachbarin kaum wiedererkennen,
denn sie sah so klein aus. Ihr Kopf und ihre Arme
waren verbunden und sie war sehr blass. Aber sie
öffnete die Augen, als Miriam sie ansprach.   5

„Bist du es, kleine Miriam? Wo ist deine Mutter?"
„Sie kommt morgen zu Besuch."
„Morgen?"
„Ja. Bestimmt."
„Sag ihr gleich heute Abend, dass Alice lebt."   10
„Alice lebt? Aber wieso denn? Wo ist sie?"
„Nicht hier."
„Weiß er es?"
„Ja."
„Wo ist er?"   15
„In der Stadt. Er ist gefährlich."
„Ist er nicht mehr im Gefängnis?"
„Nein."
„War er neulich zu Besuch?"
„Ja."   20
„Beauty?"
„Ja. Das war er."
„Die Treppe?"
„Nein, er war wieder weg. Ich bin gefallen. Nicht
seine Schuld."   25
„Was wollte er?"
„Alices Adresse...darf sie nicht finden."
„Wo ist Alice denn?"
„Er ist ein furchtbarer Mensch."
Frau Neumann schloss die Augen und *atmete*

| *atmen*, Luft holen

schwer. Die Krankenschwester kam und machte eine Handbewegung zu Miriam.

„Jetzt braucht Frau Neumann Ruhe. Deine Eltern kommen ja morgen, oder?"

5 „Ja, vielleicht auch schon heute Abend", murmelte Miriam.

Sie ging schnell aus dem Raum und den langen Gang entlang. Sie traf Marc, der am *Fahrstuhl* wartete.

der Fahrstuhl

„Was hat sie gesagt?"

10 „Dass Alice lebt."

"Echt wahr? Die Ermordete lebt? Und der Mann sitzt im Gefängnis?"

„Nein, ich glaube, dass er frei ist."

„Frei? Wieso denn das?"

15 „Er war zu Besuch bei Frau Neumann, er muss es irgendwie herausgekriegt haben, dass Alice lebt und versucht jetzt, sie zu finden."

„Dann weiß er also, dass Frau Neumann ihre Adresse kennt?"

20 „Er glaubt es jedenfalls."

„Aber wieso ist er eigentlich *auf freiem Fuß?*"

„Marc, wir kommen selber nicht mehr weiter. Ich muss meinen Vater anrufen und er muss seinen Freund Georg finden und dann muss meine Mutter sofort kommen. Frau Neumann will sie *unbedingt* 5 sehen. Meine Mutter und Frau Neumann mögen sich komischerweise. Sie vertraut ihr total."

Es dauerte nur eine Viertelstunde, bis Miriams Mutter kam. Sie musste alle kranken Hunde, Katzen und *Schildkröten* mitsamt ihren Besitzern nach Hause 10 geschickt haben, um das Krankenhaus so schnell wie möglich zu erreichen.
Marc hatte ihr dann am Eingang gleich alles Wichtige berichtet. Der Mordfall, der keiner war. Die gute Nachbarin, die als *Kronzeugin* geholfen hatte, einen 15 unsympathischen, aber unschuldigen Ehemann ins Gefängnis zu bringen und dazu noch einen *Meineid* geleistet hatte. Miriams Mutter nickte immer wieder und hörte genau zu. Dann holte sie tief Luft, drehte sich um und ging in Richtung Intensivstation. 20

„Meine Tochter war vor einer halben Stunde hier", sagte sie mit fester Stimme.
„Ich möchte zu Frau Neumann."
„Wie gut, dass sie so schnell kommen konnten. Direkt vom Flughafen?", fragte die Krankenschwe- 25 ster.

---

auf freiem Fuß, nicht mehr im Gefängnis sein
unbedingt, absolut
die Schildkröte, langsames Tier mit Panzer auf dem Rücken
die Kronzeugin, die Hauptzeugin
der Meineid, die strafbare Lüge vor Gericht

Miriams Mutter sah sie erstaunt an, fragte aber dann:
„Ist die Patientin wach?"
„Ab und zu mal, Sie müssen einfach warten."

Miriam und Marc standen draußen im Treppenhaus.
Miriam hatte gerade ihren Vater angerufen.

5

„Was ist mit diesem Onkel Georg?", fragte Marc.
„Mein Vater hat schon mit ihm geredet. Er kommt
heute Abend zurück. Georg wird sich um alles küm-
mern. Er konnte sich an den Fall erinnern. Irgendet-
10 was war da schiefgegangen. Die Indizien wirkten
damals eindeutig. Und dann die Kronzeugin. Vielleicht kommt er morgen bei uns vorbei. Du musst
unbedingt dabei sein. Du hast die ganze Geschichte ja entdeckt. Ohne dich hätten wir die Zeitungsausschnitte ja gar nicht gelesen."

10

15
Miriams Mutter hatte Vaters Schulfreund zum
Abendbrot eingeladen. Miriam, Marc und Angela
waren gespannt auf die Neuigkeiten.
Es war einige Jahre her, dass Georg bei ihnen zu
20 Besuch gewesen war. Miriam war zuvor ein bisschen ängstlich gewesen, ob ihre Mutter es peinlich
finden würde, mit Vaters Freund zu sprechen. Aber
sie waren einfach nur nett zueinander und unter-
hielten sich wie normale Menschen. So als wenn
25 nichts passiert wäre und Miriams Vater gleich nach
Hause kommen würde.
Endlich kam das Gespräch dann auf den Kriminalfall.

„*Justizirrtum* oder *Justizmord*, das kommt leider vor. Nun gibt es ja zum Glück bei uns keine Todesstrafe mehr. Denn dann ist nichts mehr zu machen. Stellt euch vor, man hätte den armen Mann hingerichtet", sagte Georg. 5

„Aber wie konnte das denn passieren?", Angela war aufgebracht.

„Ja, das Ganze wirkte damals ziemlich eindeutig. Wenn jemand verschwindet, dann sucht man immer in der nächsten Umgebung nach einem 10 Schuldigen. Leider ist das so."

„Aber warum lassen sich die Leute nicht einfach scheiden?", fragte Miriam. "Das ist doch besser als sich gegenseitig umzubringen."

„Da sind viele Gefühle im Spiel, Prestige, Geld, 15 verletzter Stolz. Menschen sind nicht so klug, wie sie gerne sein möchten."

„Und Frau Neumann?"

„Sie muss sich da in etwas *hineingesteigert* haben. Sie wollte helfen, ihr tat Alice leid. Und es war 20 sicher auch eine ganz schwierige Situation."

„Alice war ja nur 23 Jahre alt. Sie muss *sich ausgeliefert gefühlt* haben", sagte Miriams Mutter. „Ihr Mann war ja viel älter als sie."

„Frau Neumann hat jedenfalls im Gericht so ausgesagt, 25 dass es ganz dramatisch aussah. Und sie hat sicher auch geglaubt, dass der Ehemann, dieser Gerhard Schmidt, seine Frau gerne erschießen würde,

---

der Justizirrtum, Fehler im Rechtssystem
der Justizmord, Justizirrtum bei Todesstrafe
sich in etwas hineinsteigern, sich zu stark engagieren
sich ausgeliefert fühlen, abhängig sein

anstatt seiner Hasen und Rehe. Es war wohl auch ihre Idee gewesen, dass Alice heimlich zwei Patronen abschießen und Blutspuren im Auto hinterlassen sollte." Georg schüttelte mit dem Kopf. „Jetzt
5 sieht das natürlich ganz anders aus."

„Gab es damals keine *DNA-Untersuchungen*?"

„Man war noch nicht so weit wie heute, nein. Aber es gibt viele Fälle, die wieder aufgenommen werden. Und DNA-Proben sind sicher."

10 „Wo ist Alice denn jetzt?", fragte Marc.

„Das wissen wir nicht. Aber das Verrückte ist ja, dass jemand sie in Montreal gesehen hat, in einem Café."

„Montreal? Der Brief! Sie muss bei dieser Freundin
15 sein. Ich hole den Brief, er liegt in meiner Schublade." Miriam lief die Treppe hinauf in ihr Zimmer.

„Wer hat diese Alice gesehen?", fragte Miriams Mutter interessiert.

„Ihre Schwägerin, Gerhard Schmidts Schwester.
20 Sie war vor einem halben Jahr auf *Urlaub* in Nordamerika. Sie hat versucht, es der Polizei zu erklären, aber keiner hat ihr glauben wollen", erklärte Georg.

„Und dann ist er wohl aus dem Gefängnis *geflohen*", sagte Marc.

25 „Genau. Er wollte Frau Neumann ausfragen, er musste einfach die Wahrheit wissen."

Miriam kam zurück und hielt den Brief in der Hand.

DNA-Untersuchungen, genaue Laboruntersuchungen von Blut u.s.w.
der Urlaub, die freie Zeit
fliehen, vor etwas weglaufen

„Den haben wir in einem Karton gefunden."

„Hm, vielleicht gelingt es ja, diese Freundin zu finden. Und Alice dazu."

„Wir müssen abwarten, wie sich das alles entwickelt." 5

„Bekommt der Mann eine *Entschädigung*?", fragte Angela.

„Wenn er unschuldig ist, selbstverständlich."

„Und dann kann er sich freuen, dass seine Frau 10 eingesperrt wird."

Das Telefon klingelte. Miriams Mutter ging aus dem Zimmer und nahm das Gespräch an.

Als sie nach ein paar Minuten zurückkam, sagte sie leise: 15

„Frau Neumann ist gerade gestorben." Dann fügte sie hinzu: „Wir hatten ja keine Ahnung, wer sie in Wirklichkeit war. Aber ich bin froh, dass ich ihr dann doch noch zugehört habe."

11

Miriam und ihre Mutter saßen dicht nebeneinander 20 in der Kirche. Sie waren verwundert über die vielen *Trauergäste*, von denen sie nicht viele kannten. Es waren ein paar Nachbarn gekommen. Dann saßen da ein paar ältere Damen, vielleicht aus Frau Neu-

die *Entschädigung*, Geld als Bezahlung für Unrecht
der *Trauergast*, Besucher bei einer Beerdigung

manns Familie, ein alter Herr mit Hut und Stock, vielleicht ein früherer *Verehrer*. Frau Neumann hatte nie Besuch von Familienmitgliedern gehabt. Sie war früher ein paar Jahre lang verheiratet gewesen, hatte aber keine Kinder bekommen. Ob ihr Mann gestorben war oder ob sie geschieden war, hatte sie nie erzählt. Ein einziges Mal hatte sie von einer Kusine im Ausland gesprochen, mit der sie wohl keinen Kontakt mehr gehabt hatte.

Eine junge Pastorin hielt die *Trauerrede*. Frau Neumann sei ein fröhlicher und herzensguter Mensch gewesen, sagte sie, immer hilfsbereit. Und sie sei nach einem guten und langen arbeitsreichen Leben zu Gott gegangen. Ihr plötzlicher Tod habe ihr Krankheit und Schwäche erspart, sie habe in ihrem eigenen Haus bis an ihr Ende leben dürfen, zusammen mit ihrem geliebten Hund, der kurz vor ihr gestorben sei.

Miriam hörte konzentriert zu, um nicht zu weinen. Dabei *beobachtete* sie eine kleine Spinne, die vor ihr auf der Kirchenbank herumkletterte.
Miriam sah sich um und entdeckte eine jüngere Frau. Sie schien erkältet zu sein, denn sie hatte einen Schal um ihr Gesicht geschlungen.
Dann sah Miriam Marc. Er war zum Glück doch noch gekommen. Sie drehte sich wieder um und wartete auf das Ende der Predigt.

der Verehrer, verliebter Herr
die Trauerrede, ein Vortrag bei einer Beerdigung
beobachten, etwas Veränderliches sehr genau ansehen

Sie konnte nicht mitsingen, denn sie hatte wieder Halsschmerzen.

Schließlich wurde der Sarg aus der Kirche getragen. Nun musste Miriam schlucken und sie merkte, dass ihr eine Träne über die Wangen lief. Miriam dachte 5 plötzlich daran, wie dankbar sie sein musste, dass ihr Vater und ihre Mutter noch lebten. Und dann dachte sie daran, dass sie einen Bruder hatte. Er war zwar nur ihr Halbbruder, nur ein kleiner roter Zwerg von wenigen Wochen, aber er war schließlich doch 10 ihr Bruder. Und eines Tages, wenn ihre Eltern nicht mehr leben würden, dann wären nur sie übrig, er und sie. Eines Tages würde sie ihrem Vater sagen können, dass sie gerne mit ihm spielen wollte, später. In ein paar Jahren vielleicht. Oder schon früher. 15

Draußen auf dem *Friedhof* standen die Leute dicht nebeneinander. Nun konnte Miriam eine ältere Dame sehen, die von vielen mit einem Kopfnicken begrüßt wurde. Später würden sie ihr sicher die Hand schütteln und ihr *Beileid aussprechen*. Sie 20 musste eine Schwester von Frau Neumann sein. Eigenartig, dass Frau Neumann sie nie eingeladen hatte.

Miriam sah sich nach der jüngeren Frau mit dem Schal um, aber sie war schon auf dem Weg zum 25 Friedhofstor. Die letzten Meter lief sie. Merkwürdig, dass sie so aufgeregt war und nicht bis zum Ende der Beerdigung dabei sein konnte.

Dann stand Marc neben Miriam.

der Friedhof, Garten für Gräber
das Beileid aussprechen, einen Trauernden begrüßen

59

„Hast du den Mann da hinten gesehen?", flüsterte er.

„Welchen?"

„Er sieht aus wie ein Friedhofsgärtner."

5   „Wo?"

„Er ist auf dem Weg zum Ausgang."

„Läuft er hinter der Frau her?"

„Scheint so."

„Weißt du, wer das ist?"

10   „Auf jeden Fall nicht Gerhard Schmidt, dieser Mann ist viel jünger."

„Da ist noch einer. Er hat ihr den Weg abgeschnitten."

Miriams Mutter zischte ein bisschen verärgert:

15   „Miriam und Marc, seid ein bisschen diskret, ja? Die junge Frau ist Alice Schmidt, wie ihr sicher schon erraten habt. Und die beiden Männer sind zivile Kriminalbeamte. Die ermordete Dame wird ganz einfach verhaftet."

20   „Warum ist sie bloß gekommen?", fragte Miriam.

„Das weiß nur sie selber", sagte Marc.

„Aber die Polizei muss es gewusst haben", murmelte Miriam.

„Oder gehofft", sagte Miriams Mutter.

25   „Ja, scheint so."

Die Trauerfeier war zu Ende. Miriams Mutter wollte mit keinem reden und ging schnell mit Miriam und Marc zum Parkplatz.

12

Es war endlich wieder ein freier Samstag, an dem Miriam und ihre Mutter zusammen frühstücken konnten. Miriam kam die Treppe herunter. Ihre Mutter saß schon am Tisch, um sich herum einen Berg von Zeitungen und Zeitschriften. Miriam lachte und rief: 5

„Seit wann kaufst du denn diese Schundblätter, Mama?"

„Seit heute, aber es ist auch das letzte Mal. Ich habe *sämtliche* Zeitungen gekauft, in denen etwas über den Fall stand." 10

„Und was steht da?"

„Die Überschriften oder alles?"

„Nur die Überschriften, bitte."

„Na gut. Unschuldiger seit neuneinhalb Jahren in Haft. Justizmord an Freizeitjäger. Entschädigung für 15 Unschuldigen, „Ermordete" Ehefrau am Grab ihrer Helferin gefasst. Und: Geldstrafe für Hundemörder."

„Was soll das heißen?"

„Hunde vergiften ist verboten. Er hat Beauty ja wirklich vergiftet, um mit Frau Neumann reden zu 20 können. Er wollte unbemerkt ins Haus kommen, und Beauty *kläffte* ja ständig."

„Und hat er den toten Hund aus unserem Schuppen geholt?"

„Ja, sicherheitshalber. Er wusste ja, dass ich 25 Tierärztin bin."

„Warum hat er bei uns im Haus gesucht?"

---

sämtliche, alle
kläffen, helles Bellen eines Hundes

61

„Er wusste, dass wir täglich mit Frau Neumann redeten. Und er hoffte, eine Adresse oder irgendetwas zu finden. Und beim ersten Mal sah er dann auch die Zeitungsausschnitte."

5 „Und warum ist Alice eigentlich zur Beerdigung gekommen. Steht da was in der Zeitung?"

„Sie *behauptet*, dass sie *sich* am nächsten Tag *stellen* wollte. Sie konnte es nicht mehr aushalten, tot zu spielen. Sie konnte ja nicht mehr nach Hause zu
10 ihrer Familie kommen."

„Wie viele Jahre Gefängnis kriegt sie, was glaubst du?"

„Genug, aber eigentlich muss sie sich in all den Jahren wie eine Gefangene gefühlt haben."

15 „Aber was ich immer noch nicht verstehe: „Warum hat Frau Neumann sich in die Geschichte hineinziehen lassen?"

„So ist das wohl, wenn man extrem hilfsbereit ist."

„Und warum hat sich Alice nicht von dem Mann
20 scheiden lassen? Das wäre doch viel einfacher gewesen."

„Angst, sie hatte große Angst vor ihm. Sie glaubte ganz sicher, dass er sie damals umbringen wollte. Das sagte Frau Neumann zu mir."

25 „Ich glaube, ich heirate nie", sagte Miriam laut. Aber ihre Mutter lachte nur.

„Quatsch. Kompletter Unsinn. Du heiratest einfach den richtigen Mann. Und zwar erst, wenn du wirklich erwachsen bist. Alles klar?"

30 „Alles klar."

---

behaupten, mit Sicherheit sagen
sich stellen, sich freiwillig der Polizei ausliefern

Fragen zum Text

Kapitel 1
Wie alt ist Miriam?
Warum geht Miriam an dem Tag nicht in die Schule?
Wer wohnt in Miriams Haus?
Welchen Beruf hat Miriams Mutter?
Wer kommt zu Besuch? Beschreibe die Person.
Was will sie?

Kapitel 2
Warum kommen Miriams Schulfreunde?
Was entdeckt Marc?
Warum hat Miriams Mutter die Zeitungsausschnitte nicht gelesen?

Kapitel 3
Welche Gedanken macht Miriam sich über Frau Neumann?
Warum kommt Miriams Mutter an diesem Abend so spät nach Hause?

Kapitel 4
Was träumt Miriam?
Wie spät ist es, als Miriam aufwacht?
Was passiert in Wirklichkeit in dieser Nacht?

Kapitel 5
Wann wacht Miriam am Samstagmorgen auf?
Wer hat sie geweckt?
Was ist im Nachbarhaus passiert?

Wo ist Beauty?
Was sagt Marc über die Situation?

Kapitel 6
Wen besucht Miriam?
Was ist in Miriams Familie passiert?
Was sagt Miriam zu ihrem Vater?
Wie will er ihr und ihren Freunden helfen?
Was denkt Miriam über ihr Leben mit ihren Eltern?

Kapitel 7
Worüber reden die drei Schulfreunde bei den
Fahrradständern?

Kapitel 8
Miriam ruft Marc an, weil sie Angst hat. Was ist
anders als sonst?
Marc und Miriam gehen durch alle Räume in
Miriams Haus. Was entdecken sie?
Welche neuen Informationen bekommen sie?

Kapitel 9
Wie gelingt es Miriam, zu Frau Neumann ans
Krankenbett zu kommen?
Was sagt Frau Neumann zu ihr?

Kapitel 10
Wer ist Georg?
Was weiß er über Frau Neumann und den Krimi-
nalfall?
Wer ruft an diesem Abend bei Miriams Mutter an?
Welche Mitteilung bekommt sie?

Kapitel 11
Wer kommt zu Frau Neumanns Beerdigung?
Worüber denkt Miriam in der Kirche nach?
Was passiert draußen auf dem Friedhof?

Kapitel 12
Warum liest Miriams Mutter jetzt doch Klatschzeitungen? Was meinst du selbst?
Was steht in den Überschriften?

Diskussionsthemen

Thema 1: Nachbarschaft

Miriam ist oft alleine zu Hause, aber ihre Nachbarin kommt täglich vorbei.
Was hältst du von einer engen Nachbarschaft?
Erzähle von deinen eigenen Erfahrungen mit guten und schlechten Nachbarn.

Diskutiert folgende Fragen:

Was ist der Vorteil einer engen Beziehung zu Nachbarn?
Welche Nachteile gibt es?
Sollte man sich für den Alltag seiner Nachbarn interessieren?
Darf man sich in das Leben seiner Nachbarn einmischen?

Thema 2: Boulevardpresse und Regenbogenpresse

„Boulevardpresse" nennt man bestimmte Tageszeitungen oder auch „Sensationsblätter". „Regenbogenpresse" nennt man bunte Zeitschriften, die ebenfalls gern über Sensationen und Klatsch schreiben. Miriams Mutter will solche Zeitungen und Zeitschriften nicht lesen. Sie findet sie einfach schlecht und uninteressant.

Viele Leute behaupten, dass sie nie Schundzeitschriften kaufen. Aber viele Leute geben auch zu, dass sie diese Zeitungen und Zeitschriften beim Friseur oder im Wartezimmer beim Zahnarzt lesen.

Welche Zeitungen und Zeitschriften liest du?
Wie ist die Haltung in deiner Familie?
Finde deutsche Boulevardblätter und Zeitschriften im Internet.
Was ist typisch für diese Presse?
Gibt es Argumente, die für den journalistischen Stil dieser Zeitungen und Zeitschriften sprechen?

Stell dir vor, du bist Journalist und sollst über eine rätselhafte Geschichte schreiben. Dein Chef möchte Sensationen. Welche sprachlichen Mittel musst du anwenden?

Ein anderer Chef verlangt einen seriösen Artikel, weil die Zeitung einen guten Namen hat. Wie schreibst du jetzt?

Thema 3: Justizmord

Frau Neumann bringt einen unsympathischen, aber unschuldigen Mann hinter Gitter. Wie konnte ihr das gelingen?

Es kommt leider immer wieder vor, dass Unschuldige verurteilt werden. Könnte man das vielleicht verhindern? Welche Möglichkeiten gibt es deiner Meinung nach?

Kennst du Beispiele aus deinem eigenen Land, wo Menschen unschuldig verurteilt wurden?
Berichte und diskutiere mit deinen Mitschülern.
Wie konnte das passieren? Wie kam der Verurteilte wieder aus dem Gefängnis?

Weitere Übungen und Anregungen unter
www.easyreader.dk

Weitere Titel der Serie

Greta Gallandy
Keine Angst
Stufe 0
Sibille und ihre beiden jüngeren
Brüder Torsten und Andreas sind
mit ihren Eltern in einem Ferienhaus im Wald. An einem Nachmittag dürfen sie alleine mit
ihren Fahrrädern zum Jahrmarkt
in die nächste Stadt fahren. Sie

amüsieren sich. Sibille geht zu einer Wahrsagerin,
während die Brüder warten. Später treffen die Geschwister Sibilles Schulkameraden Michael. Sie
fahren zusammen in der Geisterbahn.

Aber auf dem Rückweg durch den Wald passiert
etwas richtig Unheimliches. Sie werden verfolgt.
Die Brüder rennen zum Ferienhaus, aber Sibille ist
mutig. Michael und sie wollen der Gefahr ins
Auge sehen und gehen zurück. Wer ist es, der hinter ihnen hergeht?

Alan Posener
Kater, Ines und Katerina
Stufe 1

Eine Geschichte über zwei Fami-
lien und zwei Katzen – oder? Bei
Familie Müller geht es locker zu.
Das gilt auch für ihren schwarzen
Kater „Kater": Er darf überall
schlafen, alles zerkratzen, immer
fressen. Nachts verschwindet er –
er ist „ein richtiger Kater", sagt Herr
Müller.

Bei Familie Heidenreich herrscht
deutsche Ordnung. Das gilt auch für ihre schwarze
Katze „Ines": Punkt sieben Uhr abends erscheint sie
zum Abendessen und schläft brav die ganze Nacht
im sauberen Katzenkorb – Herr Heidenreich mag
keine Katzenhaare.

Doch eines Tages ist Ines verschwunden – und
Kater auch. Die Kinder Sarah Müller und Hans Peter
Heidenreich machen sich gemeinsam auf die Suche.

In der zweiten Geschichte sitzt die schwarze Katze „Katerina" im „großen Baum" und kommt nicht
herunter. Hans Peter Heidenreich muss zeigen, dass
ein Junge manchmal genauso tapfer sein kann wie
ein Mädchen.

Alan Posener
Märchenland
Stufe 2
Eine Märchenreise durch
Deutschland, von der Ostsee bis
zu den Alpen. Königskinder und
arme Leute, böse Schwiegermüt-
ter und gute Hexen, kluge Tiere
und dumme Menschen, Riesen
und Zwerge: Im „Märchenland"
warten sie und ihre Abenteuer auf
uns.

Weltbekannte Erzählungen wie „Aschenputtel" (Cin-
derella) stehen hier neben weniger bekannten wie
„König Blaubart". Alle Völker haben Märchen. Sie
können uns helfen, eine fremde Kultur besser zu ver-
stehen – und es macht riesigen Spaß, sie zu lesen.

Jürgen Teller
Falkenland
Stufe 2
Willkommen auf Falkenland!
Sechs Jugendliche aus Europa,
ein Naturparadies, ein verrück-
ter Professor und hoch oben auf
einem Felsen noch eine Wander-
falkenfamilie. Alles in Ordnung –
fast alles. Leider gibt es einen
Eierdieb in der Gegend. Die

Jugendlichen werden zu Detektiven. Wer trifft sich
um Mitternacht in einem kleinen Haus mitten im
Wald? Und was ist mit dem Fuchs, der sich absei-
len kann?

Alan Posener
Olli aus Ossiland
Stufe 3

Olli ist 15 und lebt in der Stadt
Hohenroda in Ostdeutschland. Es
passiert nicht viel in dieser kleinen Welt. Olli träumt davon, einmal ein kleines Motorrad zu besit-
zen und mit seiner Freundin 'Biene'
an die Ostsee zu fahren. Aber als
die Berliner Mauer fällt, wird Ollis
Welt plötzlich viel größer. Für alle Menschen in
Hohenroda bringt die Wiedervereinigung Deutsch-
lands große Veränderungen mit sich. Nicht alle können damit fertig werden. Auch Olli muss um seine
Zukunft und seine Träume kämpfen.

Eine wahre Geschichte über das Erwachsenwerden
und die Schwierigkeiten, Gefahren und Chancen
beim Übergang von einer Welt in eine andere.